DU BIST ÜBER VIERZIG WENN...

Von Herbert I. Kavet
Entworfen und illustriert
von Martin Riskin

BASTEI-LÜBBE-CARTOON
Band 75 001

Erste Auflage: Januar 1988

© Copyright 1985 by Ivory Tower Publishing Company, Inc.
All rights reserved · Deutsche Lizenzausgabe 1988
Bastei-Verlag Gustav H. Lübbe GmbH & Co., Bergisch Gladbach
Originaltitel: You Know You're Over 40 When.... Ins Deutsche übertragen
von Florian Zacharias · Umschlaggestaltung: Quadro Grafik, Bensberg
Druck und Verarbeitung: Ernst Klett Druckerei GmbH & Co. KG, Stuttgart
Printed in Germany · ISBN 3–404–75001–2 · Der Preis dieses Bandes versteht sich
einschließlich der gesetzlichen Mehrwertsteuer.

Einführung

Eigentlich sollte ich dieses Buch nicht schreiben. Die meisten Leute halten mich für 27. Erst vor ein paar Tagen glaubte ein Mädchen ah ... eine Frau, ich machte einen Witz, als ich von meiner Abschlußklasse 1960 erzählte. Wie Sie wissen, gehören zum Mittelalter alle Leute, die zehn Jahre älter sind als Sie, also bin ich noch nicht dabei.
Auf der anderen Seite ist es mir jetzt schon das zweite Mal passiert, daß ein Pennäler in der Straßenbahn für mich aufgestanden ist. Ich glaube, das hat mich auf die Idee gebracht, dieses kleine Buch zu schreiben. Jemand mußte mal all diese kleinen Zeichen und Signale zusammentragen, die einem selbst und der Umwelt sagen, daß man über 40 ist — besonders, wenn Sie noch so jung aussehen, daß es niemand für möglich hält.

Entschuldigung

Sie werden feststellen, daß dieses Buch fast ausschließlich vom männlichen Standpunkt geschrieben ist. Das ist nicht zufällig. Unsere Forschungen haben ergeben, daß Frauen selten älter als 40 werden. Dieses Phänomen wird übrigens weiterverfolgt in dem Bändchen ›Bifokale Brillen sind gar nicht so übel ...‹

DU BIST ÜBER VIERZIG WENN...

...Du Dich wie am Morgen ›danach‹ fühlst — obwohl Du schwören kannst, nirgendwo gewesen zu sein und nichts gemacht zu haben

DU BIST ÜBER VIERZIG WENN...

...Du anfängst, Boxer-Shorts zu tragen, wo Du doch früher immer die knappen dreieckigen bevorzugt hast

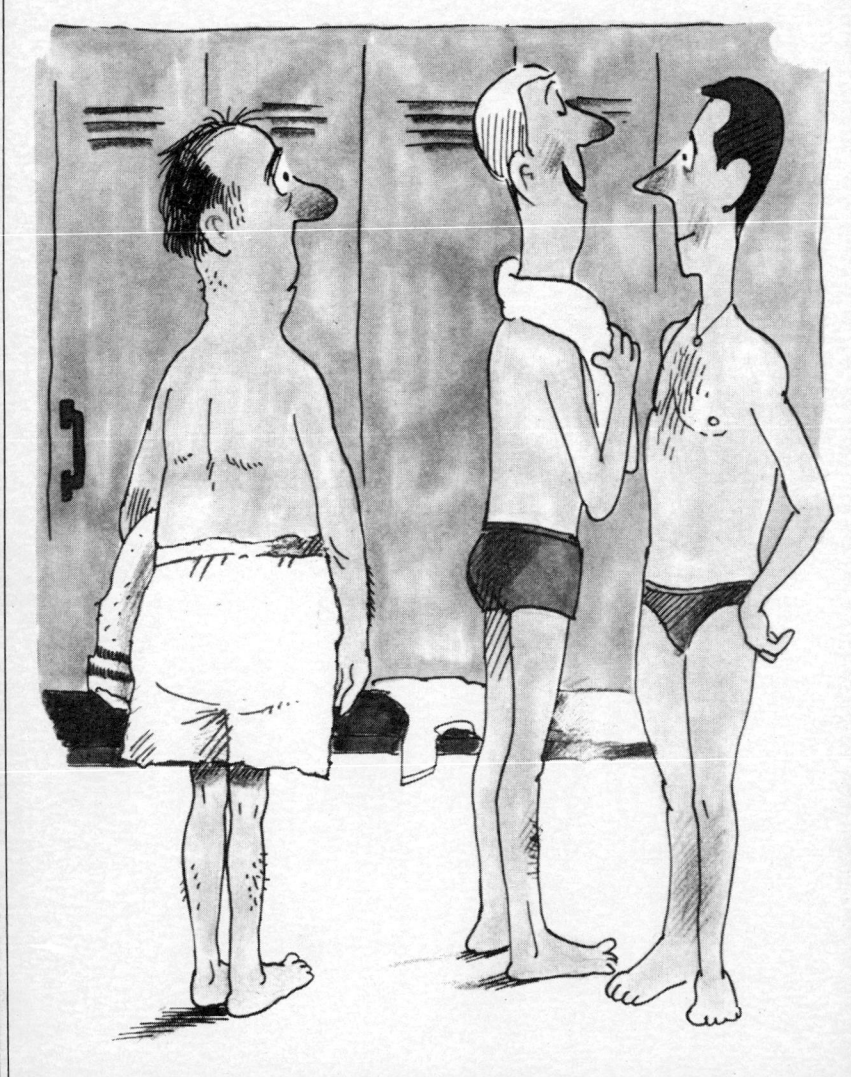

DU BIST ÜBER VIERZIG WENN...

... Dir das erste Mal auffällt, daß Männerfreundschaften auch nicht mehr das sind, was sie mal waren

DU BIST ÜBER VIERZIG WENN...

... Du bei Eurem Klassentreffen hören mußt, wie alt Du aussiehst. Dabei haben Deine alten Klassenkameraden auch dicke Bäuche bekommen. Die Kleine aus der ersten Bank, auf die Du immer so scharf warst, trägt einen Dutt und zeigt Dir stolz die Bilder ihrer sieben Kinder.

DU BIST ÜBER VIERZIG WENN...

... Du darauf achtest, nicht mehr zuviel zu trinken. Du fängst an, Dinge zu essen, die gut für Dich sind. Zum Beispiel Yoghurt. Auf den Etiketten von Lebensmitteln suchst Du nach dem Cholesteringehalt.

DU BIST ÜBER VIERZIG WENN...

...Du damit anfängst, Dich an Geschwindigkeitsbegrenzungen zu halten. Du bringst es jetzt fertig, über 20.000 Mark für einen restaurierten MG zu zahlen, der damals, als Du noch zur Penne gingst, neu nur siebentausend kostete.

DU BIST ÜBER VIERZIG WENN...

... Du plötzlich merkst, daß Deine Mutter doch nicht die beste Köchin der Welt ist. Aber sie erinnert sich wenigstens noch daran, daß Du Stangenbohnen verabscheust.

DU BIST ÜBER VIERZIG WENN...

... Du Deine Haare nicht mehr kämmst, sondern nur noch ›verteilst‹. Du hast mehr Haare auf der Brust als auf dem Kopf. Freunde von Dir lassen sich einen Bart wachsen, um damit den Verlust des Kopfhaares auszugleichen.

DU BIST ÜBER VIERZIG WENN...

... Du feststellst, daß einige Präsidenten, die Du gewählt hast, sich später als so inkompetent erwiesen, daß Du Dich schämst, jemandem zu sagen, wem Du Deine Stimme gegeben hast.

DU BIST ÜBER VIERZIG WENN...

... Du manchmal aufhörst zu denken und dann vergißt, wieder damit anzufangen. Ein Nickerchen vor dem Fernseher kommt immer häufiger vor.

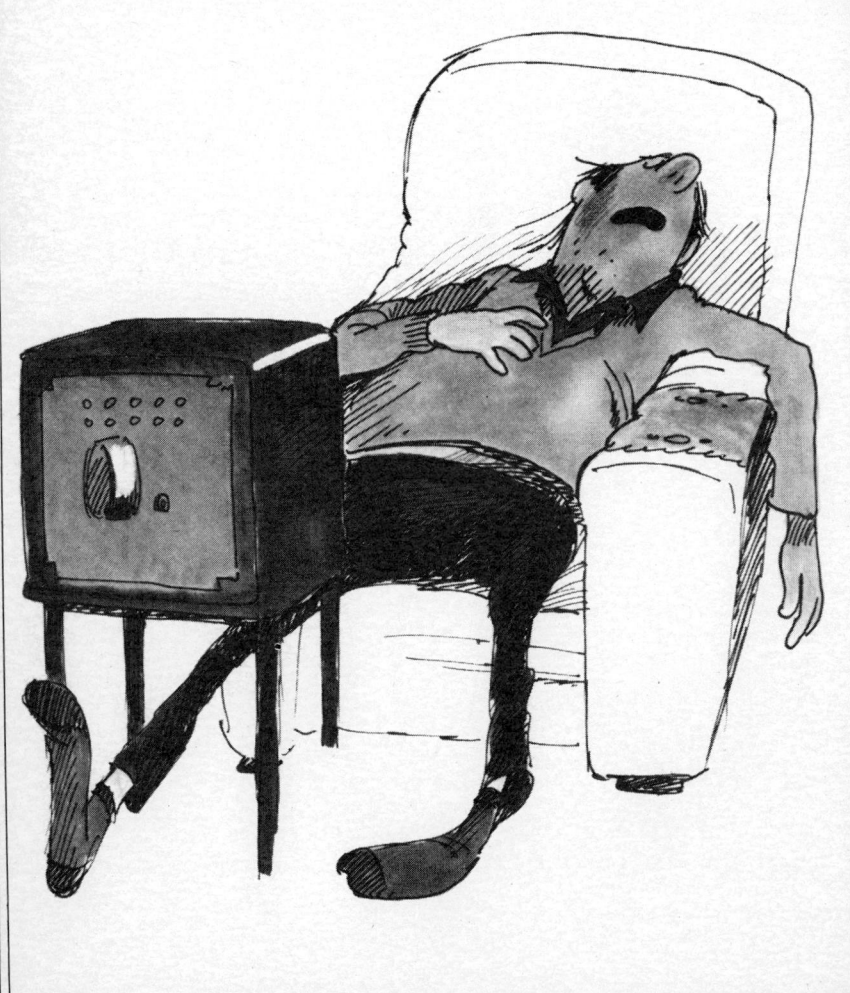

DU BIST ÜBER VIERZIG WENN...

... Du feststellst, daß Du selbst im Altherren-Team kein Bein mehr auf die Erde kriegst

DU BIST ÜBER VIERZIG WENN...

...die Arbeit immer mehr Spaß macht und der Spaß immer mehr Arbeit

DU BIST ÜBER VIERZIG WENN...

... Du nicht mehr die Sportseite zuerst liest, sondern den Wirtschaftsteil, und wenn Dir Investment-Papiere wichtiger sind als die Übertragung der Wahl zur Miss Universum.

DU BIST ÜBER VIERZIG WENN...

... Du anfängst, Anzeigen für Hämorrhoiden-Mittel, Verdauungsstörungs-Zäpfchen und Haarausfall verhinderungs-Tonika zu lesen. Du kaufst das Zeug, und — was das Schlimme ist — es hilft.

DU BIST ÜBER VIERZIG WENN...

. . . Du nach Entschuldigungen suchst, um Dein sexuelles Versagen zu kaschieren. Du bist müde. Du machst das Licht aus — eine Ersparnismaßnahme, keine romantische Anwandlung.

DU BIST ÜBER VIERZIG WENN...

... Du darüber nachzudenken beginnst, welche Ziele Du vor Augen hattest — und erkennst, daß Du keins von Ihnen erreicht hast

DU BIST ÜBER VIERZIG WENN...

... Du Deinen Kindern nicht mehr bei den Hausaufgaben helfen kannst, und diejenigen, die mit Deiner Hilfe entstanden sind, schlechte Zensuren einbringen

DU BIST ÜBER VIERZIG WENN...

... Du unter dem Begriff ›es geht rund‹ verstehst, daß die getrockneten Pflaumen, die Du gegessen hast, ihre Wirkung tun

DU BIST ÜBER VIERZIG WENN...

... Dir auffällt, daß die Leute in den Schlagzeilen
— Filmstars, Politiker — jünger sind als Du.
Selbst Dein Hausarzt ist jünger.

DU BIST ÜBER VIERZIG WENN...

. . . Du zu rechnen beginnst, wieviele Jahre Du noch hast. Du denkst ernsthaft über Deine Versorgung nach der Pensionierung nach. Und Du freust Dich nicht mehr auf Deinen Geburtstag.

DU BIST ÜBER VIERZIG WENN...

... Du Dich konzentrieren mußt, um ›Frau‹ zu einem ›Mädchen‹ zu sagen. Du erinnerst Dich noch an die Zeit, als jede Frau sich geschmeichelt fühlte, wenn Du sie ›Mädchen‹ genannt hast.

DU BIST ÜBER VIERZIG WENN...

. . . Du am Samstag ein Fußballspiel bei den Alten Herren mitgemacht hast und Du Deine Wehwehchen bis Mittwoch kurieren mußt

DU BIST ÜBER VIERZIG WENN...

... Deine Kinder größer sind als Du und Du anfängst, Sätze zu sagen wie: »Als ich in deinem Alter war . . .« Du kannst Dich an solche Sätze von Deinem Vater noch erinnern, und Du hast sie gehaßt wie die Pest.

DU BIST ÜBER VIERZIG WENN...

...Du einsiehst, daß bestimmte Gerichte sich nicht mehr mit Deinem Magen-Darm-Trakt vertragen. Du kaufst heimlich Müsli.

DU BIST ÜBER VIERZIG WENN...

... einige Deiner Krawatten schmal sind, einige breit, und Du Dich nicht mehr erinnern kannst, welche wann modern waren.

DU BIST ÜBER VIERZIG WENN...

... Du bei ›Gras‹ an Deinen Rasen denkst, der wieder mal geschnitten werden muß, bei ›Coke schniefen‹ an eine Cola, die man durch die Nase trinkt. Wenn Du von Drogen hörst, denkst Du an Penicillin.

DU BIST ÜBER VIERZIG WENN...

... Du das Rauchen aufgibst, weil es Deiner Gesundheit schadet — und wenn Du es sechs Tage länger schaffst als bei Deinem letzten Versuch, es aufzugeben

DU BIST ÜBER VIERZIG WENN...

... Du darüber nachdenkst, noch einmal etwas ganz anderes anzufangen, Dich dann aber doch nicht traust. Dein Boß ist jünger als Du — schlimmer noch: ER könnte eine SIE sein.

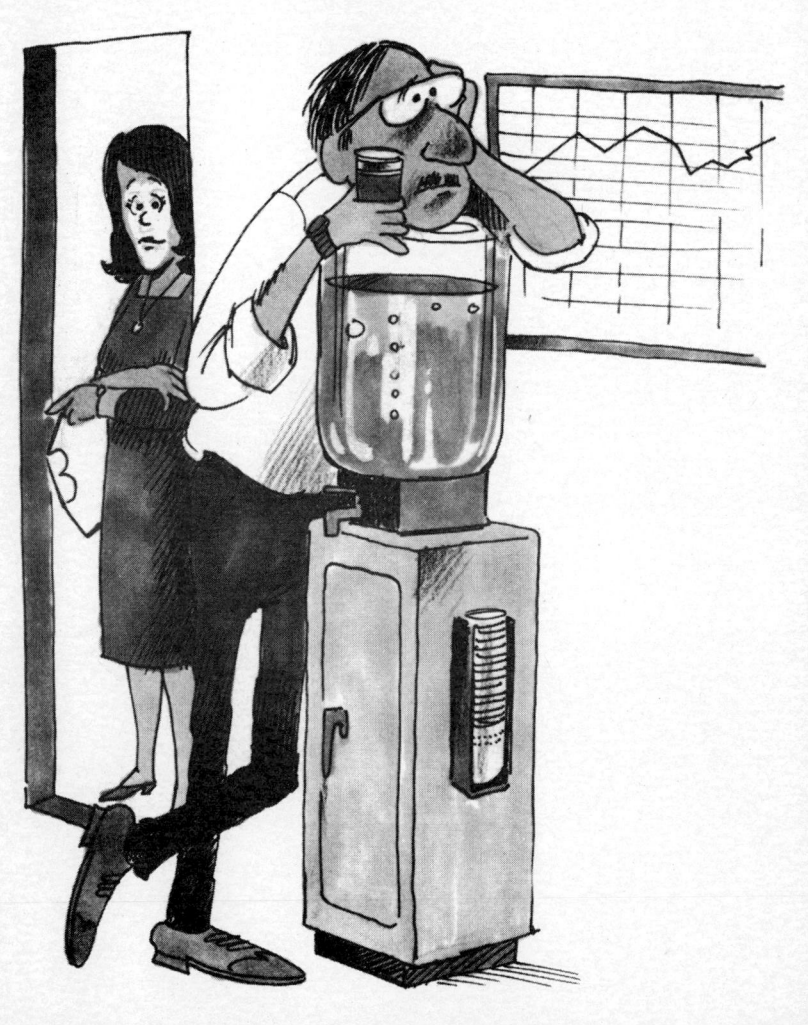

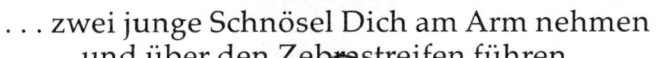

DU BIST ÜBER VIERZIG WENN...

... Du die ganze Nacht brauchst, das zu tun, was Du früher die ganze Nacht getan hast

DU BIST ÜBER VIERZIG WENN...

... Deine Kinder in Deiner Lieblingssportart besser sind als Du. Sie suchen Ausreden, damit sie mit Dir nicht mehr spielen müssen.

DU BIST ÜBER VIERZIG WENN...

... Du fast jede junge Frau attraktiv findest. In jeder Zwanzigjährigen siehst Du eine Miss Universum.

DU BIST ÜBER VIERZIG WENN...

... Du vor 18 Uhr dringend einen Drink brauchst. An den meisten Tagen wäre Dir 16 Uhr lieber.

DU BIST ÜBER VIERZIG WENN...

... Sportler und Polizisten immer jünger werden. Du bist geschockt, wenn Du junge Leute in Uniform siehst. »Das sind ja noch Kinder.«

DU BIST ÜBER VIERZIG WENN...

. . . Du den ›Club Med‹ für die Altersresidenz pensionierter Ärzte hältst

DU BIST ÜBER VIERZIG WENN...

... Du erkennst, daß Dein Vater recht hatte, als er sagte, es sei genau so leicht, sich in ein reiches Mädchen zu verlieben wie in ein armes.

DU BIST ÜBER VIERZIG
WENN...

... Du zu einer Party gehst und alle Anwesenden im besten Mittelalter sind. Du hast genug Klamotten im Schrank hängen, aber nichts scheint Dir passend zu sein.

DU BIST ÜBER VIERZIG WENN...

...Deine Lieblingslieder in der Oldie-Show gespielt werden.

DU BIST ÜBER VIERZIG WENN...
... die meisten Deiner Freunde geschieden und auf der Suche nach einem neuen Lebensgefühl sind

DU BIST ÜBER VIERZIG WENN...

... Deine Kinder alt genug sind, Deine Anzüge zu tragen, was für sie aber eine Vorstellung ist, die sie zum Totlachen reizt.

DU BIST ÜBER VIERZIG WENN...

... Dir oft kalt ist. Du ziehst Dich wärmer an als junge Leute. Du kannst es kaum glauben, daß die Jungs in ihren dünnen Pullovern nicht frieren, während Du im Auto sitzt und Pelzmütze und schaffellgefütterte Handschuhe trägst und immer noch bibberst.

DU BIST ÜBER VIERZIG WENN...

... Die Zeit viel schneller verfliegt als früher. Die Wochenenden scheinen kürzer zu sein, eine Jahreszeit ist da, kaum daß die vorige angefangen hat, und die Kinder werden so schnell erwachsen, bis eines Tages ...

... eine Überraschungsparty für Dich organisiert wird und alle Freunde kommen und Geschenke bringen, die fast alle irgendeine Anspielung auf Deine nachlassende Vitalität enthalten. Früher hättest Du darüber noch lachen können, aber allmählich treffen solche Gemeinheiten den Nerv der Wahrheit.

BASTEI-LÜBBE CARTOON

75 001

DU BIST ÜBER VIERZIG WENN...

Scharfzüngig, weitsichtig und kurzweilig!

75 002

Die Hochzeits-Nacht
Ein Ratgeber für Braut und Bräutigam

Weise, wahr und wunderbar!

75 003

über 18
Ein unentbehrlicher Sex-Führer

Unabhängig, unverwechselbar und unentbehrlich!

75 004

FRAUEN mit kleinen BUSEN haben große HERZEN

Freundlich, fröhlich und sehr, sehr fraulich!

75 005

DAS POPEL BUCH

Radikal, reaktionär und rotzfrech!

75 006

LIEBER 40 ALS SCHWANGER

Tollkühn, treffsicher und topaktuell!

BASTEI LÜBBE